# CATALOGUE

DE

# DESSINS

## ANCIENS & MODERNES

## GRAVURES & LITHOGRAPHIES

DONT LA VENTE AUX ENCHÈRES PUBLIQUES AURA LIEU

### HOTEL DES COMMISSAIRES-PRISEURS

### Rue Rossini, 6

SALLE N° 3

## Le Mercredi 25 Mai 1864

A MIDI.

**Mᵉ DELBERGUE-CORMONT**, Commissaire-Priseur,
rue de Provence, 8,
Assisté de **M. LOUTREL**, Expert, rue de l'Abbaye, 35.

## . EXPOSITION PUBLIQUE

Le MARDI 24 Mai 1864, de une heure à cinq heures.

## PARIS

### RENOU & MAULDE

IMPRIMEURS DE LA COMPAGNIE DES COMMISSAIRES-PRISEURS
**Rue de Rivoli, 144.**

1864

# CATALOGUE

DE

# DESSINS

## ANCIENS & MODERNES

## GRAVURES & LITHOGRAPHIES

DONT LA VENTE AUX ENCHÈRES PUBLIQUES AURA LIEU

## HOTEL DES COMMISSAIRES-PRISEURS

### Rue Rossini, 6

SALLE N° 3

## Le Mercredi 25 Mai 1864

A MIDI.

---

M° **DELBERGUE-CORMONT**, Commissaire-Priseur,
rue de Provence, 8,
Assisté de **M. LOUTREL**, Expert, rue de l'Abbaye, 35.

---

## EXPOSITION PUBLIQUE

Le MARDI 24 Mai 1864, de une heure à cinq heures.

---

## PARIS

### RENOU & MAULDE

IMPRIMEURS DE LA COMPAGNIE DES COMMISSAIRES-PRISEURS

**Rue de Rivoli, 144.**

1864

# CONDITIONS DE LA VENTE

---

Elle se fera au comptant.

Les adjudicataires paieront cinq centimes par franc, applicables aux frais.

# DÉSIGNATION

# DES DESSINS

1 **Albane** (Attribué à). Tête de sainte. Crayons
noir et rouge.

2 **Allegrain**. Paysage. Pierre d'Italie.

3 **Andrieux**. Mourir pour la patrie. Dessin.

4 — *La Presse*, journal du soir. Dessin.

5 **Athalin** (le général). Jeune Parisienne. Sépia.

6 **Beaumont** (E. de). Constantinople. Aquarelle.

7 **Bérard**. Marine. Mine de plomb.

8 —               Id.

9 **Bérat** (le chansonnier). Cinq feuilles croquis. Ce
lot sera divisé.

10 **Bertaux**. Deux dessins. Plume et sépia.

11 — Paysage. Sépia.

12 **Berthelemy**. Marine. Crayon noir.

13      —               Id.

14      —               Id.

15      —               Id.

16      —               Id.

17      —               Id.

18 **Blest** (David). Un jeune ménage et une vieille
tante. Photographie retouchée par l'artiste.

19 **Bidault**. Paysage. Sépia.

20 **Bonington** Un Jockey. Contre-épreuve.

21 **Boucher** (Attribué à). Femme nue. Crayons noir et blanc.

22 **Boucher** (D'ap ) Deux dessins pour vignettes. Crayon noir.

23 **Both** (Attribué a). Paysage avec figures. Joli dessin à l'encre de Chine.

24 **Boulanger** (L.). Contrebandier. Aquarelle.

25 **Brascassat**. Paysage. Sépia.

26 **Brune**. L'île Barbe. Aquarelle.

27 **Brici**. Trois figures de guerriers dans un paysage. Plume et bistre.

28 **Calame**. Etude de rochers. Sépia.

29 **Chasselat** Marchande de morue. Aquarelle.

30 **Cham** (A. de Noé). Tom-Pouce à Paris. Aquarelle.

31 **Chantereine**. Fleurs sur vélin. Aquarelle.

32 **Chaudet**. Dessin de bas-relief. A la plume.

33 **Chasseriau**. Paysan romain. Crayons noir et blanc.

34 **Cicéri**. Paysage. Aquarelle.

35 — Id.

36 — 2 paysages. Sépia et aquarelle.

37 **Corneille** (Michel). Apothéose du roi David. Pierre d'Italie.

38 — Enlèvement des Sabines. Crayon rouge.

39 **Compte Calix**. Dessin de modes. Encre de Chine.

40 **Courcelles** (M<sup>lle</sup> P. de). Un Oiseau. Miniature sur vélin, d'une très-grande finesse d'exécution.

41 **Courdouan**. Environs de Douhéra. **A l'encre de Chine.**

42 **Coypel**. Plusieurs études aux divers crayons. Sera divisé.

43 **Cretien**. Paysage. Gouache.

44 **Damourette**. Souvenir du bal de l'Opéra. Deux dessins à la sépia.

45 **Dauzats**. Vue de Jérusalem. Sépia.

46 **Defraise**. Deux dessins pour vignettes. Sépia.

47 **Defriches**. Paysage. Encre de Chine d'une grande finesse d'exécution.

48 **Desjobert**. La Pêche à la ligne. Crayon noir.

49 **Deveria** (A.). Femme à la colombe. Sépia.

50 — Sujet tiré des Martyrs. Sépia.

51 **Demarne**. Paysage. Sépia.

52 **Drouais** (Attribué à). Portrait de femme. Charmant petit pastel.

53 **Dunker**. Le Faucheur.

54 — Une Forêt. Très-belle aquarelle.

55 **Durand** (Godefroy). Les Gueux. Mine de plomb.

56 — L'I      qui cherche la Fortune. Encre de Chine.

57 **Elliot**. Vue prise dans le Tyrol. Mine de plomb.

58 **Farinati**. Le Christ et les pèlerins. Plume et sépia.

59 **Fielding** (N ). Chien courant. Mine de plomb.

60 **Flandrin**. Scutari. Mine de plomb.

61 **Fleury** (Léon). Vue prise à Oberwesel. Mine de plomb.

62 **Finart**. La Promenade. Aquarelle.

63 **Fikening**. Scène de buveurs. Encre de Chine.

**64 Forest** (E.). Un Chasseur. Mine de plomb.

**65** — Un seigneur Louis XV, et un petit paysage. 2 dessins à la mine de plomb.

**66** — Les Singes, et un paysage. 2 dessins, mine de plomb.

**67** — Une loge au théâtre, et un jeune Paysan. Plume et mine de plomb.

**68 Fragonard**. La Réception du Seigneur. Dessin aquarelle.

— Deux têtes, d'après Bosio. Crayon noir.

**69 Fremiet**. Deux croquis d'animaux. Mine de plomb.

**70 Frère** (Th.). Une rue à Alger. Aquarelle gouache.

**71 Foulquier**. Un Pêcheur. Fusain.

**72 Gaildreau**. Bohémiens. Mine de plomb.

**73** — Jeunes filles de pêcheurs. Dessin aquarelle.

**74 Géricault** (Attribué à). Tête de nègre. Étude à plusieurs crayons.

**75** — Un cheval. Aquarelle.

**76 Ginain** (Eugène). Cavaliers arabes. Aquarelle et mine de plomb.

77 **Giordano** (Lucas) L'Olympe. Encre de Chine.

**78 Giraud** (Eugène). L'heure de la faction. A l'encre de Chine.

**79** — Le Jour de l'an. Aquarelle.

**80** — Portrait de famille. Id.

**81 Girardet** (Karl). L'Ambassadeur du Maroc. Mine de plomb.

**82 Giroux** (Achille). Chevaux. Aquarelle.

**83 Grandville** (J.-J.) Les Fleurs et les Fruits animés. Aquarelle.

84 **Grandville** (J.-J.) La Caricature. A la plume.

85 — Les Feuilletonistes. A la plume.

86 — { La Pluie, la Rosée, la Grêle. A la plume.
{ La Neige.                              Id.

                         Deux dessins.

87 — Caricature.

88 — Les Pots animés. Plume.

89 **Gravelot**. Dessin pour vignette. Encre de Chine.

90 **Grimaldi**. Paysage. Plume.

91 — Ancienne porte d'Ingouville. Aquarelle.

92 **Guys**. Un tapis franc. A l'encre.

92 bis. **Harket** (W.). Charles VI et Odette. Aquarelle.

93 **Heilman**. La Cuisinière. Estompe et crayon.

94 — Le Coup de vent. Très-belle aquarelle gouachée.

95 **Hintz**. Marine. Dessin à la mine de plomb.

96 — Marine.                              Id.

97 **Hubert**. Paysage. Sépia.

98 **Hue** (Attribué à). Pêcheurs au bord de la mer. Crayon et encre de Chine.

99 **Isabey** (le père). Portraits de Wellington et du prince de Hardinberg. Sépia,

100 **Janet** (Gustave). La Lecture. Dessin aquarelle.

101 **Janet** (Lange). Rigolette. Aquarelle.

102 **Jung**. Bataille de la Moskowa. Aquarelle.

103 — Revue de troupes russes.                              Id.

104 **Klinsteck**. Nymphes au bain. Miniature.

105 **Knupfer** (N.). Chevalier aux pieds d'une reine. Encre de Chine.

106 **Lallemand**. Trois paysages  Sépia et encre de Chine. Sera divisé.

107 **Lamy** (Eugène). La Juive. Croquis aquarelle.

108 — Sortie d'un bal aux Tuileries.

109 **Landon**. Deux dessins.

110 **Laurens**. Tête de jeune Fille. Aquarelle.

110 bis. **Laurenti**. Animaux dans un paysage. Gouache.

110 ter. — Id.

111 **Lebel** (Ant.). Cheval blanc dans une écurie. Crayon noir rehaussé de blanc.

112 **Lebreton**. Vue prise à Mascate. Dessin à la mine de plomb.

113 **Lefils**. Soulouque et Mimi. Dessin lavé d'aquarelle.

114 **Leprince**. Un Valaque. Contre-épreuve au crayon rouge.

115 **Lepoitevin**. Marine. Aquarelle.

116 **Lescot** (M^me Haudebourg). Pifferari. Dessin aquarelle.

117 **Lethier**. Campagne de Rome. Dessin aquarelle.

118 **Letuaire**. Une plage. Aquarelle.

118 bis. — La Cuisine arabe. Dessin.

119 — Les Rémouleurs. Id.

120 **Levasseur**. Un hiver à Florence. Mine de plomb.

121 — La Révolution à Florence, 1847. Mine de plomb.

122 **Lœuillot**. Un traîneau. Mine de plomb.

123 **Lorentz**. Les Fumeurs, et la Charité. Deux croquis à l'encre de Chine.

124 **Loppi**. Chemin du Mont-Blanc. Mine de plomb.

125 **Manson**. Un Alchimiste. Aquarelle.

126 **Marc**. Ce qui fait qu'on se retourne. Sépia.

127 **Marc** et **Langlois**. Deux dessins. Sépia et mine de plomb.

128 **Marck**. Enfant à la grappe, d'après David d'Angers. Mine de plomb.
**Marcelin**. Un jeune Seigneur. Aquarelle.

129 **Marlet**. Calvaire à Boulogne-sur-Mer. Lavis.

130 **Maurisset**. Deux dessins. Encre de Chine.

131 **Meyer**. Les Patineurs. Sépia.

132 **Monteau**. Miniature gothique.

133 **Monteau**. L'Ecole des maris, la Leçon de danse. Deux dessins à la mine de plomb.

134 **Monnier** (H.). Divers croquis.

135 **Morel-Fatio**. Marine. Mine de plomb.

136 **Moreau** (jeune). La Vérité apparaissant aux auteurs du Code civil. Au bistre.

137 **Moreau** (attribué à). Paysage. Très-jolie gouache.

138 **Morin** (Gustave). Fontaines jaillissantes. Encre de Chine.

139 **Natoire**. Un Amour. Sanguine.

140 **Naissant**. La Sieste. Estompe et crayon noir.
— Femme de la campagne de Rome.

141 **Pastalop** et **Forest**. Deux autres croquis. Aquarelle.

142 **Nicolle**. Ruines. Aquarelle très-fine.

143 — Venise. Aquarelle très-fine.

144 — Un Palais. Encre de Chine.

145 — Ruines. Belle sépia.

146 **Nicolle**. Femmes priant dans des ruines. Bistre.

147 — Deux dessins. Plume et sépia.

148 — Deux dessins. Plume.

149 — Deux dessins ronds. Plume.

150 — Trois dessins. Sépia.

151 — Trois dessins. Sépia.

152 — Cinq dessins au trait. Plume.

153 — Douze petits dessins sur une même feuille· Bistre, plume et encre de Chine.

154 **Noël** (J.). La Bénédiction de la mer. Mine de plomb.

155 — La nuit. Paysage. Mine de plomb.

156 **Ouvrié** (Justin). Vue prise à Hières. Mine de plomb.

157 — Paysage. Aquarelle.

158 **Ouvrié** et **Guiaud**. Chenonceaux et une étude de plantes. Mine de plomb.

159 **Osterwald**. Vue du lac Noémi. Sépia.

160 **Overlaat**. Femme nue. Crayon noir.
**Walbron**. Femme mettant son soulier.
**Inconnu**. Cheval. Crayon noir.

161 **Palcko** (Ch.). Sujet religieux. Encre de Chine.

162 **Parent**. Scène Louis XV. A la plume.

163 **Pernot**. Paysage. Sépia.

164 **Picart**. Le Baptême du Christ. Encre de Chine rehaussée de blanc.

165 **Picot**. Sujet tiré de la fable. Sépia rehaussée de blanc.

166 **Pierron**. Grottes au Sinaï. Aquarelle.

167 **Provost**. Une Eglise. Aquarelle.

168 **Pruche**. Soldat blessé. Aquarelle.

169 **Quillenbois**. Mabille en 1849. Aquarelle.

170 — Autre. Aquarelle.

171 **Radiguet**. Vallée d'Acahoni. Noukahiva. Mine de plomb.

172 — Bolsans des côtes du Pérou. Dessin aquarelle.

173 — Soldats péruviens. Dessin.

174 **Raffort**. Constantinople. Aquarelle.

175 **Redouté**. Rose blanche. Aquarelle sur vélin d'une très-belle exécution.

176 **Renard** et **Revoil**. Fragment de vitrail. Etude de tête. Mine de plomb.

177 **Regnault**. Naissance d'Adonis. Sépia.

178 **Regnier**. Hôpital de Clermont. Sépia.

179 **Robert** (Fleury). Un alchimiste. Aquarelle.

180 — Descente de croix. Bistre.

181 **Roehn**. La Chanteuse. Sépia.

182 — Le porteur d'eau amoureux. Sépia.

183 **Roehn** et le général **Lejeune**. Apprenti maçon et Amazone. Aquarelles.

184 **Roqueplan**. Etude de femme. Aquarelle

185 **Rottenhamer**. Nymphe et Satyres. Crayons noir et rouge.

186 **Roussel**. Jeune femme russe. Aquarelle.

187 **Ruysdael** (attribué à). Scène flamande. Encre de Chine.

188 **Rue** (attribué à). Sujet historique. Encre de Chine.

189 **Salie**. Lesueur aux Chartreux. Aquarelle.

190 **Saint-Germain**. Vente de charité au Palais-Royal. 1843. Aquarelle.

191 **Schefft**. Un radeau sur le Tibre. Mine de plomb.

192 **Schmidt**. Dessin découpé aux ciseaux.

193 **Schouman**. Un Saint en extase. Encre de Chine.

194 **Sustris** (F.). La Vierge des cieux. Encre de Chine.

195 **Sorieul**. Le Départ des conscrits. Mine de plomb.

196 — Un bal à la cour de Russie. Sépia.

197 **Sweback** (le père). Bataille. Sépia.

198 — Bataille. Sépia.

199 **Sweback** (le fils). Halte de cavaliers. Encre de Chine.

200 **Thiénon**. Campagne de Rome. Sépia très-fine.

201 **Thineau**. Femme d'Alger. Mine de plomb.

202 **Tintoret** (Attribué au). Un Saint guérissant des malades. Grande composition au bistre.

203 **Valentin** (H.). Les Papillotes. Dessin à la plume.

204 — Partie carrée. Mine de plomb.

205 — Une Marquise. Idem.

206 — Entrée du bal de l'Opéra. Mine de plomb.

207 **Valerio**. La jeune Mère. Mine de plomb rehaussée de blanc.

208 **Van des Does**. L'Ange et les Bergers. Encre de Chine.

209 **Watteau**. Un Enfant. Croquis à la sanguine.

210 **Wattier** (Émile). Dessin de vase. Aux trois crayons.

211 — Ronde d'Amours. Au trois crayons.

212 — Daphnis et Chloé. Deux dessins idem. Sera divisé.

213 **Vaumort** (E.). Retour de fête en Bretagne. Dessin rehaussé.

214 — La Danse. Dessin rehaussé.

215 **Vernet** (J.). Étude de femme. Crayon noir.

216 **Vernet** (Carle). Précaution avant la course. Encre de Chine.

217 **Vernet** (H.). Françoise de Foix. Lavis gouaché.

218 **Victor Adam**. Quatre petits sujets de chasse. Encre de Chine.

219 **Vicar**. Amazone. Crayon noir.

220 **Villeneuve**. Paysage. Aquarelle.

221 **Villa Amil**. Le Jour des Morts, à Burgos. Aquarelle gouachée.

222 — Une Prison en Espagne. Aquarelle gouachée.

223 — Supplice de la garrote. Idem.

224 **Vinkembooms**. Paysage. Pierre d'Italie.

225 **Wouwermans** (Attribué à). Halte de cavaliers. Encre dé Chine.

226 — Marine avec figures. Encre de Chine.

227 **Ecole française**. Deux dessins pour vignettes. Encre de Chine.

228 — Adam et Ève. Jolie miniature.

229 — Tête de jeune fille.

230 — Deux dessins pour vignettes.

231 — La Sérénade.

232 — Tête d'homme.

233 — Tête d'homme.

233 bis. — Paysage. Aquarelle.

234 — Vue d'une ville moyen âge. Plume.

235 — Abbaye de Salniaque. Aquarelle.

236 — Les Chanteurs de Noëls.

237 **Ecole française**. Vue d'un village breton.

238 — Paysage.

239 — Tête d'homme.

239 bis. — Quatre petites aquarelles.

240 — La Vierge. Sanguine.

241 — L'Amour et les Grâces. Sépia.

242 — Paysage avec figures. Aquarelle.

243 — Trois dessins marines. Encre de Chine, sépia
et mine de plomb.

244 — La Vierge tenant une draperie. Crayons noir
et blanc.

245 — Figure de femme. Estompe.

246 — Paysage, figures et animaux. Crayon noir

247 — Paysage. Papier bleu.

248 — Abraham renvoyant Agar. Sépia.

249 — Trois dessins, genre Watteau et Boucher.

250 — Neuf feuilles d'ornements.

251 **Ecole italienne**. Martyre d'une sainte. Encre
de Chine.

252 — Adam et Ève. Plume et encre de Chine.

253 — Sujet historique. Sanguine.

254 — Le Frappement du rocher. Sanguine.

255 — Adoration des Mages. Sépia.

256 **Decamps**. Le Mendiant. Eau-forte. Planche
tirée à quelques exemplaires seulement.

257 **Dien**. Galilée dans sa prison.

— Bataille d'Austerlitz.

258 **Delaitre**. Raphaël et la Fornarine.

259 **Raffet**. Bataille. Eau-forte

260 **Richomme**. La Mort de Léonard de Vinci.

261 **Thevenin**. La Sainte Vierge, d'après Raphaël.

262 **Tilliard**. Les Commissionnaires ultramontains.
— Les différents Jeux de l'enfance.
263 **Divers**. Lots de gravures.

## LITHOGRAPHIES PAR DAUMIER, BONINGTON, RAFFET & AUTRES.

264 **Vernet**. Album des Cris de Paris.
265 — Album de la Restauration.
266 Sous ce numéro seront vendus les Dessins, Lithographies et Gravures omises.

RENOU et MAULDE, imprim. de la Compagnie des Commissaires Priseurs, rue de Rivoli, 144. 32145